Marianne Kawohl NÄCHTE BESTEHEN…
                 NÄCHTE VERGEHEN…

Marianne Kawohl

Nächte bestehen...
Nächte vergehen...

VERLAG
BONIFATIUS-DRUCKEREI
PADERBORN

CIP-Kurztitelaufnahme der Deutschen Bibliothek

Kawohl, Marianne:
Nächte bestehen . . . Nächte vergehen . . . /
Marianne Kawohl. –
Paderborn: Verlag Bonifatius-Druckerei, 1985.
ISBN 3-87088-432-0

ISBN 3 87088 432 0

Umschlagentwurf und Illustrationen
von Horst Wolniak, Hamburg

© 1985 by Verlag Bonifatius-Druckerei Paderborn

Gesamtherstellung: Bonifatius-Druckerei Paderborn

Inhalt

Geleitwort
von Johann Peter Bösch... 6

Der Sinn dieses Buches... 7

I. Nächte bestehen 11

II. Jahreszeiten der Liebe ... 35

III. Die Wand verschwand ... 63

Geleitwort

Der neue Gedichtband von Marianne Kawohl ist auf einen rückhaltlosen Bekenntniston, auf Verzweiflung und Leidenschaft des Herzens, aber auch auf die Überwindung der Leiden des Herzens gestimmt.
Abschaffung des Geliebten und Hingabe an den Geliebten gehören zuweilen demselben Augenblick an. Eine Frau hat den Mut, ihr Allein-Sein, ihre Sehnsüchte und Enttäuschungen, ihre glücklichen Momente in einer sprachlichen Mischung aus hoher Emotion und oft automatisierter Darstellungsform auszusprechen. Aus Wortspielen, Reimkaskaden, selbst aus verbrauchten Wendungen steigt eine große Einsamkeits- und Liebesklage, steigt ein ungewohntes Liebesfeuer auf, das den Sog des Todes wie auch den hinreißenden Lebensaugenblick auszuhalten vermag.

Johann Peter Bösch

Der Sinn dieses Buches

„Du scheinst wohl keine Fragen und Probleme zu haben; jedenfalls gewinnt man diesen Eindruck beim Lesen Deiner bisherigen Bücher und Briefe?" So wurde ich von einer früheren Studienkollegin während einer Tagung angesprochen. Sie hatte inzwischen drei Kindern, eines davon behindert, das Leben geschenkt.
„Kennen Sie eigentlich keine Zweifel und Verzweiflung? Alles, was Sie schreiben und sagen, scheint von soviel Glaubenszuversicht bestimmt – es ist fast unglaublich..."
So reagierte jemand in einer Diskussion im Anschluß an eine meiner Autorenlesungen.
Das gab mir sehr zu denken. Selbstverständlich hatte und habe ich Fragen und Probleme, natürlich kenne ich auch Zweifel und Verzweiflung, aber bislang wollte ich solchen Gedanken keinen Raum geben, jedenfalls nicht in der Öffentlichkeit, sie nicht publizieren und vermehren, weil ich meinte, davon gäbe es schon genug auf der Welt.
Doch die dunklen Seiten der Seele zu verschweigen, ist eine nahezu unverzeihliche, weil unwirkliche Einseitigkeit.
Mit den hier vorgelegten Texten möchte ich die andere Seite meines Lebens und Wesens aufschlagen und gleichzeitig zeigen, daß sich Einseitigkeit allmählich überwinden läßt. Die inhaltliche Ehrlichkeit rangiert hier vor der

sprachlichen Vollkommenheit – bewußt, um auch dabei die unvollkommene Seite menschlicher Schwächen deutlich werden zu lassen.
Und nicht nur das!
Mit der Beschreibung dunkler Schattenseiten möchte ich denen gegenüber meine tiefe Solidarität ausdrücken, die zu mir in die Sprechstunde kommen und für ihre Depressionen, Ausweglosigkeiten, Traurigkeiten und Lebensmüdigkeit psychologische oder seelsorgerische Beratung wünschen. Manchmal sind es deren Verzweiflungsschreie, die ich aufgegriffen und in meine Worte gefaßt habe.
Mit diesem Buch möchte ich aber besonders herzlich denen danken, die mir in unzähligen dunklen Nächten zum Lichtblick geworden sind.
DIR aber gilt mein innigster Dank, der DU mich in dunkler Nacht erblickt und angeblickt hast, mit mir hinabgestiegen bist in die tiefsten Abgründe meiner inneren Finsternis. Durch mein Verhalten habe ich DIR zwar viel Schmerz und Leid zugefügt, aber DU hast mich dennoch gehalten, mich erhalten, DICH nicht von mir abgewandt, sondern DICH mir gerade im schlimmsten Elend zugewandt ...
DIR seien diese Seiten gewidmet, weil DU mich oft wissen ließest, wie wichtig DIR mein Da-Sein auf dieser Welt ist, wie froh DU bist, daß ich lebe. Zärtlich und liebevoll, zuweilen sogar energisch und konsequent hast DU mich durch DEINE Worte und durch DEINE Art, mit mir umzugehen, davon überzeugen können, daß qualvoll dunkle Nächte vergehen ...

Marianne Kawohl

I. Nächte bestehen

Nichts und niemand

Ich häng nicht am Leben
Denn es kann mir nichts geben
Das Leben hängt an mir –
Was kann denn ich dafür?

Ich häng nicht an meinen Erfolgen
Sie können mich nur verfolgen
Die Erfolge hängen an mir
Was kann denn ich dafür?

Leben und Erfolg – Erfolg und Leben
Seien sie lieber anderen gegeben
Ich kann damit nicht leben
Mir kann nichts und niemand mehr
  das Ersehnte geben

Im Nichts

Was mir einst wichtig
Ist nicht mehr richtig
Ist nur noch nichtig
Ohne Sicht
Ohne Licht
Seh ich nicht
Was noch zählt
In dieser Welt
Es ist alles nichts
Und so möchte ich
Meine Nichtigkeit
Vernichten
Und nicht mehr sein
Denn nichts und niemand
Kann mich noch erfreun

Es ist alles nichtig
Es ist alles flüchtig
Nichts ist mir mehr wichtig
Nur noch die Vernichtung
Im Nichts

Nicht mehr

Bekannt
Anerkannt
Dominant
Elegant
Wollt ich einst sein
Doch ist das nur Schein

Jetzt schließ ich mich lieber
Allein
Ein
Und geh ein
In die innere Emigration
In die tiefe Resignation
In die unheilbare Depression
In die unerreichbare Isolation

Was erstrebenswert war
Ist nicht mehr wahr
Was ich einst wollte
Will ich nicht mehr

Wo kommt diese Veränderung her?

Verloren

Ein Nichts im Nichts –
Mehr bin ich nicht

Nichtssagend

Das Nichtssagende sagt mir nichts
Und so sage ich nichts
Denn es ist doch alles nichts

Für immer ins Nichts

Unstillbares Sehnen
Unzählbare Tränen
Ohne Lebenskraft
Maßlose Leidenschaft
Die nur Leiden schafft
Die mich dahinrafft
Für immer ins Nichts

Resignation

Ich hab DICH entzückt
DU bist schon abgerückt
DU hast mich tödlich unterdrückt
Und ich hab DICH in mir zerstückt –

Die Welt ist verrückt

Die letzte Strophe

Die letzte Strophe
Beinhaltet Katastrophe
So dichte ich nichts mehr
Denn ich litt zu sehr

Jede Wunde ist eine Chance für ein Wunder!

Immer wieder

Tränen tropfen
Herzen klopfen
Hände ringen
Stimmen singen
Immer wieder
Trauerlieder

Selber so gewollt?

Eine Welle der Schwermut hat mich
   überrollt
Hab ich das vielleicht selber so gewollt?

Unheimlich

Manchmal spür ich den Wahn
Sich mir unheimlich nahn
Und komm dagegen nicht an

Nie sein

Oft wünsche ich mir
Ich wäre nie gewesen
Und ich würde nie sein
Dann braucht ich nie zu verwesen
Und entginge jedem Schein

Haltlos

Haltlos heißt mein Los!
Man kann mich nicht behalten
Man kann mich nicht aushalten
Denn ich laß mich nicht länger hinhalten
Ich weiß mich von niemandem gehalten
Nichts und niemand kann mich halten

Haltlos halte ich mich von allen fern
Löse mich ohne Halt von denen gern
Die mich nicht halten und mich nicht
   behalten wollen

Ich kann nicht mehr durchhalten
Soll ich meine Tränen zurückhalten

So bleibe ich haltlos...

Wer gebietet diesem Los Einhalt?

Nicht-Sein

Weil das Nicht-Sein
Nicht sein kann
Kann ich nicht sein

Gründe

Der Grund meiner Seele: Traurigkeit
Das Grundwasser darunter: Tränen
Doch weil kein Grund grundlos ist
Gibt es auch Gründe für Tränen und Traurigkeiten
Die mich gründlich begleiten...

Das ist diese Welt

Nichts, was noch zählt
Nichts, was mich hält
Alles verfehlt
Nur noch gequält

Das ist diese Welt

Eisgekühlt ist diese Welt

Eisgekühlt ist diese Welt
Ist's deshalb, daß sie sich lange hält?
Rauhreifschön, aber ganz kalt
Ich möchte da nicht werden alt
Tieffrostig gefroren
Geb ich mich verloren
Und vermag nicht zu begreifen
Wie man in klirrender Kälte kann reifen

Pessimismus

Ungefragt das grelle Licht der Welt erblicken
Ungewollt an den Grausamkeiten des Lebens
　ersticken
Ungebeten das Dasein bestehn
Ungehalten die Tage vergehn

Die Uhr

Die Uhr zertickt meine Zeit
Bald ist es soweit
Bald bin ich bereit
Bald trag ich mein Sterbekleid

Wenn die Uhr meine Zeit zertickt
Wenn mein Bemühen nicht mehr glückt
Wenn das ganze Leben verrückt
Wenn ich stündlich bedrückt –
Wär ich nur schon der Zeit entrückt

Kein Tischtuch

Kein Versuch
Für den Besuch
Also kein Tischtuch
Und kein Gästetuch –
Stattdessen das Leichentuch

Schrecklich

Es läuten die Glocken
Ich bin erschrocken
Denn sie läuten zu meinem Begräbnis
Nach einem Leben ohne Ergebnis
Welch schreckliches Erlebnis!

Mein Kleid

Ich trage ein Kleid
Gewoben aus Leid
Verziert mit Tränen
Umsäumt vom Sehnen
Daß es jemanden anzieht
Der es mir auszieht

Frostiger Hauch

Eisig weht der Wind Lebensfetzen durch die Luft
Rauhreif legt sich atemlos auf Blüten
   im Frühlingsduft
Kalte Lebensfetzen zerstören zartes, werdendes
   Leben
Denn frostiger Hauch kann keine belebende
   Wärme geben

Kalter Regen

Kalter Regen
Heiße Tränen
Ohne Segen
Unstillbares Sehnen

Leuchtende Sterne
Besuch aus der Ferne –
Hätte ich gerne!

Weite Räume
Liebliche Träume
Tröstende Nähe –
Ach, wenn ich IHN sähe!

Ins Niemandsland

Still und leis
Ging ich auf die Reis
Ins Niemandsland
Weil hier mich niemand fand

Wo?

Die weißen Schneeflocken
Können mich nicht mehr locken
Auch der warme Süden
Ist für die Lebensmüden
Trotz heller Sonne
Keine wirkliche Wonne
Sogar die grünen Wiesen
Die Augen verschließen

Wo werden dennoch Blumen
  der Hoffnung sprießen?

An keinen Ort

Ohne Schuh
Ohne Ruh
Lauf ich fort
An keinen Ort

Niemand?

Niemand
Der mich liebt

Niemand
Der mir etwas gibt

Niemand
Den ich lieben darf

Niemand
Dem ich alles geben darf

Nie
Niemals
Niemand

Das kleine Manchmal
Wird wieder zum Nie

Nie?
Niemand?
Niemals?

Wann wird das sein?

Wenn alles Sein
Nur vergänglicher Schein
Und niemand ist mein
Und ich kann für niemand was sein
Igle ich mich lieber ein
— Oder fang an zu schrein

Aus meiner Sicht

Aus meiner Sicht
Lohnt es sich nicht
Mit meinem Leibe
Finde ich keine Bleibe
Auf dieser Welt

Nichts ist, was wirklich
Für mich noch zählt

Wirklich nichts mehr?

Nichts hat Sinn

Es gibt kein Hier
Es gibt kein Dort
Es gibt kein Wir
Es gibt keinen Ort
So geh ich fort
Und weiß nicht wohin
Denn nichts hat für mich Sinn

Allein am Meer

Allein am Meer –
Das geht nicht mehr
Es ist, als ob eine Welle riefe
Mich zu sich in die endlose Tiefe

Am Meer allein –
Da geh ich ein ...

Was ist dann?

Wenn ich nichts mehr kann
Und auch nichts mehr will
Wenn ich nichts mehr begann
Und alles bleibt still

Was ist dann?

Unerfülltes Sehnen

Mein tiefstes Sehnen
Nach dem absolut Schönen
Wird nie gestillt
Bleibt unerfüllt

Herrenlos

Herrenlos
Das war lange mein Los

Herrenlos

Ohne Herrn ging ich los
Ganz herrenlos
Und unbeherrscht
Keineswegs herrlich

Herrenlos
Irrt ich umher
Und wußte doch: so geht's nicht mehr

Wo ist mein Los, mein Herr?

Nicht genesen – gewesen

Genesen – gewesen
Glücklich – gewesen
Genießen – gewesen

Nun hab ich an UNSERER Statt
Dieses Gewesene
Unendlich satt

Verwundet

Meine Seele – eine einzige Wunde
Meine Sehnsucht – daß sie gesunde

Wer?

Wer hört meinen Schrei?
Wer geht nicht vorbei?
Wer macht mich wirklich frei?

Bald

Bald bin ich alt
Bald bin ich kalt
Doch eh der helle Ton verhallt
Ersehn ich meiner Lebensgestalt
Neues Werden, neuen Gehalt

Todessehnsucht

In meiner Sehnsucht nach Leben
In meinem Sehnen und Suchen
Werd ich manchmal besucht
Und versucht
Von der Todessehnsucht

Ich ersehne der Todessehnsucht den Tod
Denn sie versucht meine Sehnsucht nach Leben zu
 töten

Ersehnt die Todessehnsucht den Tod der
 Sehnsucht
Oder tötet die Sehnsucht den Tod?

Auch für mich?

Gibt es die Stunde
In der ich gesunde?
Gibt es ein Teil
Von dem Heil
Auch für mich?

Welchen Grund?

Welchen Grund
Gibt es für den Absprung
In den Abgrund?

---

*Jeder neue Tag
beginnt in der Dunkelheit!*

II. Jahreszeiten der Liebe

Jahreszeiten der Liebe

Im Sommer noch heißgeliebt
Im Herbst schon fast wieder verblüht
Im Winter zu Eiskristallen gefroren
Bis zum Frühling ist alles verloren

Schnee im April

Was zart erblühte
Was heiß erglühte
Ist eiskalt zugedeckt
Neuschnee hat den Frühling erschreckt
Ein Leichentuch über dem Leben
Beendet das Nehmen und Geben?
So geht es Jahr für Jahr
Und für immer bleibt klar:
Für die Natur
Bin auch ich nur
Ein Schneeball, der sich auflöst ins Nichts

April-Scherz

Dieser gemeine April-Scherz
Zerbricht mein empfindliches Herz
Bereitet ihm tiefen Schmerz
Mit seinem Schneefall
Allüberall

Ein Leichentuch hat die Blüten zugedeckt
Und mich dabei maßlos erschreckt
Nachdem ich erst kurz zuvor wurde erweckt

Wird meine neue Gestalt
Nun doch wieder ganz kalt
Bevor sie noch richtig alt?

Nichts liegt in meinem Ermessen
Die Natur hat mein Sehnen vergessen

Höhere Gewalt nennt man das
Aber mir macht es keinen Spaß
Ein Spielball des Wetters zu sein
Für meine Pläne ist das gemein

Abgeschafft

Die Leidenschaft
Hab ich für mich abgeschafft
Ich habs nicht geschafft
Liebe zu leben in Leidenschaft
Und hab auch die Liebe abgeschafft
Denn ich bin keine Frau fürs Leben
Ich bins leid, nur zu geben
So sei mein einziges Streben
Nicht mehr lieben, nicht mehr leiden
Sondern leidenschaftlich liebevoll zu sterben
Es sei denn, daß jemand es schafft
Leidenschaftlich um meine Liebe zu werben

Es darf nicht sein
Daß ein Anfang ohne Ende
Am Anfang
Schon zu Ende ist

Nicht weitergekommen?

Nichts gewonnen
Nichts zerronnen
Abgekommen
Angekommen

Schade

Wir sind nicht vereint
DU hast es verneint
Hattest Du's so gemeint?

Vorbei

Jetzt hat sichs ausgeträumt
Jetzt hat sichs ausgeweint
Ich hab zuviel versäumt
Ich hab mich aufgebäumt
DU hast mich aufgeräumt
DU hast mich ausgeräumt
DU hast mich ausgeträumt
DU
Säumige saumselige
Selige Pein

Denk nur an die Ewigkeit

Nimm alle Briefe
Wirf sie in die Tiefe
Des Meeres der Traurigkeit
Des Sees der Einsamkeit
Des Ozeans der Verlassenheit
Denk nur an die Ewigkeit...

Letztlich

Letztlich
Doch
Noch
Entsetzlich
Verletzlich

Bäume sind wie Menschen:
Bald sind alle abgeholzt

In dieser Nacht

In dieser Nacht habe ich mich
Ertrinkend in Tränenbächen
Entschlossen:
Mich niemals mehr auf etwas zu freuen
Niemanden mehr freudig zu erwarten
Nichts mehr zu erhoffen
Mich in niemanden mehr zu verlieben
Niemandes Liebe mehr zu erwidern
Positive Gefühle niemals mehr zu äußern
Komplimente nicht mehr ernstzunehmen
Werte nicht mehr zu bewundern
Nähe nicht mehr zu suchen
Liebesbriefe nicht mehr zu beantworten
Zärtlichkeiten nicht mehr zu erwidern
Mich für niemanden mehr zu öffnen
Glück nicht mehr anzustreben

Nächte vergehen...

In dieser Nacht habe ich mich, versinkend in
  Trauer, entschlossen:
Mich nur noch überraschen zu lassen
Ohne Erwartung
Ohne Hoffnung
Ohne Sehnsucht
Ohne Offenheit

Ohne Gefühl
Ohne Ziel
Ohne Plan
Mich überraschen zu lassen
Mich treiben zu lassen
Mich gehen zu lassen
Mich einfach loszulassen
Mit allem, was ich
Dachte, hoffte, wollte, ersehnte,
   glaubte, liebte, erstrebte...
Alles zu lassen
In dieser Nacht...

Nächte vergehen...

Und jetzt?

Du bist entsetzt
Ich bin verletzt
Und jetzt?

Unbestimmt

Ich bin ganz verstimmt
Weil ganz bestimmt
Gar nichts mehr stimmt

Die Zeit verrinnt
Und es ist unbestimmt
Wie jeder sich benimmt

Nein

Ich sage nein
Zu mir
Zu DIR
Zu allem
Zu jedem

Ich sage nein
Und laß mich nicht mehr ein
Nicht auf mich
Nicht auf DICH
Auf nichts
Auf niemand

Ich sage nein
Und geh lieber für immer ein
Denn jeder und alles ist doch gemein
Lohnt nicht zu sein

Nein!
Kann das sein?

Ich sage nein zu meinem Nein!

Liebe...

Liebe betört
Liebe verstört
Liebe zerstört
— Wird sie nicht erhört

Es ist ein Unterschied
Ob man sich alleingelassen
Oder allein gelassen fühlt

Liebe — wenn sie bliebe!

Liebe — das reimt sich sogar auf
Diebe
Doch man sagt:
Wer liebt
Der gibt —
Wirklich?
Aber vielleicht nehmen Diebe
Liebe
Und wissen in ihrem Leben
Nichts vom liebenden Geben?

Liebe — eigentlich ist das doch nur ein Synonym für
Mißverständnis
Ausnutzen
Berechnung
Geschäft
Raffinesse
Begierde
Traum
Nichts...
Nichts von Dauer — bedauerlicherweise
Nichts für mich —
Ich bedaure...
Wirklich nichts für mich?

Liebe — Wenn sie bliebe!

Liebe ist Luxus

Luxus können sich nur wenige Privilegierte leisten
Auf Luxus kann man verzichten
Also kann man, wenn Liebe wirklich Luxus ist,
   auch auf Liebe verzichten?
In jedem Fall erspart man sich das mit der Liebe
   verbundene Leid
Erspart man sich den Liebeskummer
Spart man viel Zeit und Kraft für das, was kein
   Luxus ist
Was (k)einen Sinn hat:
Leistung, Erfolg, Arbeit, Karriere...

Doch wenn nur die Liebe ewig bleibt...?
Was bleibt dann ohne Liebe?

Ist Liebe Luxus?

Liebe = Leiden?

Lieben lernt man durch Leiden
Liebe ist Leiden
Geliebt werden ist Leiden
Leiden ist geliebt werden
Wer nicht liebt, braucht nicht zu leiden
Der sicherste Weg, dem Leid zu entfliehen
Ist, der Liebe zu entfliehen
Wenn ich mich für die Liebe entscheide
Entscheide ich mich unweigerlich für das Leid

Nur ein Mensch, der sich fähig fühlt, durch Leiden
   zu lieben
Sollte sich für die Liebe entscheiden

„Ich kann Dich leiden" – das heißt: „Ich liebe
   Dich!"
Will ich leiden? Dann kann ich lieben
Will ich lieben? Dann kann ich leiden
Wer nie gelitten hat, hat auch nie geliebt!
Wer nie geliebt hat, hat auch nie gelitten!
Lohnt es sich zu leiden?
Lohnt es sich zu lieben?
Lohnt es sich, liebend-leidend und leidend-liebend
   zu leben?
Weil es sich lohnt, lasse ich mich lieben
Kann ich im Leiden leben und lieben
Im Leben leiden und lieben
In der Liebe leiden und leben
Und lieben
Ganz liebe-voll...

Liebe – eine Krankheit

Liebe ist eine seltene Krankheit, gegen die die
  meisten Menschen immun sind
Weil sie genug Abwehrstoffe dagegen entwickelt
  haben
Wer aber von der Liebe infiziert
Wer von ihr ruiniert
Wird durch die glühende Leidenschaft
Ganz bald qualvoll glücklich dahingerafft

Erkältete Liebe

Liebe, die erkaltet scheint
Ist vielleicht nicht wirklich erkaltet
Sondern nur ein wenig erkältet

Ist unsere Liebe stabil?

Ist unsere Liebe stabil?
Wird unser Gefühl
Niemals kühl?
Lieben wir so sehr
Und noch mehr
Wie der Wind am Meer?
Werden wir niemals leer
Obwohl alles so schwer?

Leidenschaft

Leidenschaft
Die Leiden schafft
Raubt alle Kraft

Leidenschaft
Trotz Leiden schafft:
Liebe
Liebe
Liebe –
Denn ohne Leidenschaft
Ohne, daß sie Leiden schafft
Gibt sie auch keine Kraft

Leidenschaft
Schafft Leiden
Die man nur mit Leidenschaft
Leiden kann

Sinn?

Wahnsinn
Sinn
Sinnlich
Besinnlich
Übersinnlich
Außersinnlich
Sinnvoll
Lebenssinn
Im Wahnsinn
Im Sinnesrausch
Im Dahinrauschen
Aller Sinne
Ganz von Sinnen
Besinnen wir uns
Und sinnen
Sinnvoll
Sinnlos
Dahin
Ohne Sinn
In den Wahnsinn

Bedenken bedenken

Wenn ich recht bedenke
Sind meine Bedenken
Gar nicht bedenklich
Es ist also undenkbar
Und denkbar unnötig
Meine Bedenken
Weiterhin bedenklich zu bedenken

Statt zuviel zu denken und zu bedenken
Sich lieber bedenkenlos
Verschenken!

Noch vorhanden

Ich bin noch vorhanden
Weil jemand mir beigestanden
Ich muß noch nicht versanden
Darf manchmal irgendwo landen
Und bin immer noch vorhanden

In die Augen eines DU eintauchen
Ist das, was wir brauchen

Mein Ergehen

Mein Ergehen
Wäre Zergehen
Wäre Vergehen
Gäbe es kein Zusammengehen
Mit DIR

Entfaltet

Ich hab mich entfaltet
Und, wie mir scheint,
Mich dabei sogar ent-faltet

Keine Leiden

Durch IHN weiß ich
Daß meine Fähigkeit zur Leidenschaft
Mir keine Leiden schafft
Sondern daß die Leidenschaft
Meine bisherigen Leiden (weg-)schafft!

Worte

Noch immer benommen
Hab ich vernommen
Von Deinem Kommen
Und daß Du mich liebst
Daß Du mir gibst:
Worte, die mich entzücken
Worte, die mich beglücken
Worte, die mich entrücken
Worte, die mich verzaubern
Worte, die mich beleben
Worte, die alles geben
Worte –
Ich nehme sie alle dankend an

---

*Liebe
In ihrer schönsten Weise
Klingt ganz leise
Und heißt: Sehnsucht*

DIR zu

Schmachtend
Achtend
Beachtend
Nicht verachtend
Nur schmachtend
Lacht
Ganz sacht
In der Nacht
Meine Seele DIR zu

Gespannte Gespenster

Gespannte Gespenster
Umspannen meine Fenster
Diesen unheimlichen Nachtmahren
Die mich quälen seit Jahren
Mach ich endlich den Garaus:
Ich trink auf Dein Empfehlen
Mein nächtliches Rotweinglas aus

Wirb um mich!

Ohne DEIN weiteres Werben
Wenn alles in Scherben
Werd ich wohl sterben
Und meine Verzweiflung DIR vererben

Heimweh

Heimweh
Es weht mich zu DIR heim
Heimweh
Heimisch bin ich bei DIR
Heimat fühl ich bei DIR
Heimweh
Weh
Heim
Heimweh nach DIR
Wann wehst DU ohne Weh heim
   zu mir?

Vollmondnacht

Ich liebe die Nacht
Weil ich den Mond liebe

Ich liebe den Mond
Weil ich die Nacht liebe

Liebe — stark wie der Tod!

Liebe — stark wie der Tod!
Liebe — unser Morgenrot?
Liebe — unser Abendrot?
Liebe — ist sie bedroht?
Liebe — jemand, der uns droht?
Liebe — Untergang mit dem Boot?
Liebe — einziges Werben
          Bis zum Sterben

Todesursache

Wer nicht mehr wirbt
Um wen man nicht mehr wirbt
Der/die stirbt

Werfen

Alle, die mir etwas vorwerfen
Wirken auf mich, als würden sie mich wegwerfen
Und ich kann nichts dagegen einwerfen

Ich bin verworfen
Und möchte mein Tun verwerfen
Und mich dann wegwerfen
Mich hineinwerfen
In einen Abgrund
Mit grundlosem Grund

Gibt es?

Gibt es den gangbaren Weg
Ins unendliche Glück
Ohne den Gedanken
An ein Zurück?

———

Wer sich fürchtet
Fürchtet eigentlich sich

Heilen und gesunden

Gleiches wird durch Gleiches geheilt
Ähnliches durch Ähnliches
Es gilt für die Homöopathie
Und für die Sympathie
Gleiche oder ähnliche Wesen
Können aneinander genesen
Die Gegensätze wären bei den übersensiblen
   Wesen
Das völlig falsche Heilmittel gewesen

So heilen wir einander unsere Wunden
Seit wir uns gefunden
Bleiben miteinander verbunden
Und gesunden

In glücklichen Stunden

In glücklichen Stunden
Hat ER mich gefunden
Ich werde gesunden
In glücklichen Stunden

Ab jetzt

Ab jetzt
Weniger Schmerz
Dafür mehr Scherz
Mit Herz

Wunderbar

Daß DU meiner gedenkst
DEINE Schritte zu mir lenkst
Mich mit DIR selbst beschenkst
Und all mein Leid versenkst
− Ist wunderbar

Ich wollte ertrinken

Ich wollte im Meer des Todes ertrinken
Und merke jetzt:
Ich wollte im Meer des Lebens versinken

Unendlichkeit
Zärtlichkeit
Lebendigkeit
Ewigkeit
Ertrinken im Meer der Tränen
Versinken noch mehr im Sehnen

Keine Logik

Für unser Glück
Für unser Geschick
Für diese Tragik
Gibt es keine Logik

Ein verständlicher Wunsch?

Manchmal hab ich den Wunsch
Die Begrenztheit der Zeit
Würde durch die Unbegrenztheit
Der Ewigkeit
Endlich
Abgelöst

Ich will nicht den Untergang

Ich will nicht den Untergang
Ich will den Übergang
Zum ewigen Aufgang

III. Die Wand verschwand

Die Wand verschwand

Die Wand
Die mich umwand

Das Gewand
Das mich umband

Verschwand

Die Traurigkeit verschwand

Die Traurigkeit verschwand
In unerreichbar fernes Land
Schwebende Heiterkeit entstand
Als Glück die Krise überwand
– Welch neuer Lebensstand!

Endlich

Gefunden
Verbunden
Gesunden
Glückliche Stunden

Zum Glück

Lächeln – zum Glück!
Lächeln – zum Glück
Das heißt nicht nur, glücklicherweise lächeln
Sondern zum Glück hin
Dem Glück entgegenlächeln
Lächeln – zum Glück
– Glücklicherweise!

Manches legt sich
Wenn man sich legt

Endlich Ruhe

Nach soviel Getue
Möchte ich nur noch Ruhe
                          Ruhe
                          Ruhe

Endlich schweigen

Nach einem langen Reigen
Möchte ich mich verneigen
Mich DIR zuneigen
Und schweigen
    schweigen
    schweigen

Beglückt

DU hast mich
Dem Alten entrückt
Mit Neuem entzückt
Im Schweigen beglückt

Alles ist neu

Gähnen
Tränen
Sehnen
    Vorbei

Denken
Wollen
Fühlen –
    Alles ist neu

Erleben

Das ängstliche Beben
In meinem Leben
Wich einem unaufhörlichen,
   traumhaften Schweben
In wunderschönem Erleben...

In neues Sein

Nicht geboren
Nur geborgen
Möcht ich sein
Außer mir
Ganz bei DIR
Dring ich ein
In neues Sein

Unser Los

Los-lassen ohne zu verlassen
Losgelöst
Ohne verlassen zu werden
Los-gelassen
Ohne verlassen zu sein

Wir lassen einander los
Überlassen uns einander unserem Los
Aber verlassen uns nicht
Denn wir kommen voneinander
   nicht los —
Das ist unser Los

Wahrheit — Klarheit

Wahrheit
Schafft Klarheit —
Wie gut
Das tut
Wenn man in
Wahrheit
Und Klarheit
Endlich ruht

In unaufhörliches Leben

Wenn nichts gelingt
Wenn nichts was bringt
Wenn meine Seele ringt
Mit der Qual
Dann bleibt keine Wahl
Für dieses Mal
Denn alles ist so schal –
Und Tränen ohne Zahl...

Wenn vieles gelingt
Wenn vieles was bringt
Wenn die Seele auch manchmal ringt
Mit der Qual
Dann bleibt doch die Wahl
Auch dieses Mal
Obwohl alles schal
Und Tränen ohne Zahl –
Das ist mir ganz egal
Ich hab die Wahl
Mitsamt der Qual
Auch dieses Mal
Aus dem dunklen Tal
Mich zu erheben
In unaufhörliches Leben

Neu

Was ich verzweifelt wähnte ganz verloren
Ist heute aus dem Schmerz erst neu geboren:
Ich für DICH
DU für mich
Ich wieder da
DIR nah
DU wieder da
Mir nah
Wir einander nah
Weil ganz neu da

Auch heftiges Kämpfen
Kann die leidenschaftliche Liebe nicht dämpfen

Im tiefsten Unglück
Liegt vielleicht doch das größte Glück?
Das Unglück zerbricht
Die Schale von dem Kern
Aus dem es behutsam zärtlich spricht:
„Ich hab DICH unbeschreiblich gern!"

Einst – nun

Einst war ich
Unverliebtes Licht
Und war nicht
Wirklich ich
Im Licht

Geliebte Nacht
War ungeliebt und ohne Licht
Und war noch nicht
Was ich erdacht

Nicht war ich
Verliebt im Licht
Noch war Nacht
Unberührt, unbedacht

Nun bin ich erwacht...

Nebelnacht

Feinfühlig zieht der einsame Mond
Sich hinter Nebelschleier zurück
Nicht zu stören wagt er der Verzückten
Seltenes Glück

Regennasse Nacht schleicht sich heimlich vorbei
Hinter dem himmelschreienden Morgengrauen
Wird die Sicht ganz zögernd frei

Zu Ende geht der qualvolle Verzicht
Aus unbekannten Welten dämmert warmes Licht

Nebelnacht und Kälte weichen verstohlen dem
   neuen Tag
Gottesglutdurchsonnter Morgen verschlingt die
   bittre Klag

Seit ich mit DIR zusammen den Mond
angeschaut habe
Ist mir neu die Sonne aufgegangen

Wie gut

Als ER mich fand
Trug ich ein Schwermutsgewand

In Seiner Hand
Verschwand
Dieses Gewand

Aus dem Land
Was lange unbekannt
Ist die Schwermut verbannt

Wie gut, daß ER mich fand

Im Dunkeln gesehn

DU hast mich im Dunkeln gesehn
Als ich fürchtete, in der Nacht zu vergehn
Dieses Wunder kann ich nicht verstehn
Durch DICH kann ich das Leben bestehn

———

Wer mich leiden kann
Mich auch leiten kann

Veränderung

Jetzt verurteile ich meine Vorurteile
Und zweifle an meinen Zweifeln

Herausgepreßt

In der letzten Depression
Hab ich alles herausgepreßt
Was bisher eingepreßt war
Jetzt ist mir vieles klar
Jetzt sag ich zum Leben: Ja!

Ich bin entzückt

Ich bin entzückt
Ich bin beglückt
Das Leben ist geglückt
Es war verrückt
Ich war bedrückt
Nun bin ich allem entrückt

Durch DICH

DU kannst wunderbar auf mich eingehen
Ich werde nicht verwundet eingehen
Ich werde verwundert verstehen...

Keine Vernichtung

Keine Vernichtung
Meiner Dichtung
Eine neue Richtung
Eine wunderbare Lichtung

Glücklich – für immer

Glücklich
Mich zu halten
Hast DU mich erhalten
Weil DU mich erhalten
Für immer darfst DU mich behalten

Im heiteren Schweben

Im heiteren Schweben
(Un)endlich leben
Zwischen Himmel und Erde
Schwebende Heiterkeit
Innige Zärtlichkeit

Nächte vergehen

Nächte vergehen

Man kann sie verschlafen
           verträumen
           verweinen
           versäumen
           verfahren
und auch   verlieben

Im Verlieben aber brauchten Nächte
Nie zu vergehen

Endlich unendlich leben

Endlich unendlich leben
Im heiteren nächtlichen Schweben
Zwischen Oben und Unten
Ist neues Glück gefunden

Ohne ein Zurück?

Unendliches Leben
Im endlichen heiteren Schweben
Endlich nach langem Erstreben
Leben
Endlich leben

Endlich unendliches Leben!

Gebet

„Du hast mich erforscht, und du kennst mich.
Ob ich sitze oder stehe, du weißt von mir.
Von fern erkennst du meine Gedanken.

Ob ich gehe oder ruhe, es ist dir bekannt;
du bist vertraut mit allen meinen Wegen.

Noch liegt mir das Wort nicht auf der Zunge –
du, Herr, kennst es bereits.

Du umschließt mich von allen Seiten
und legst deine Hand auf mich.

Zu wunderbar ist für mich dieses Wissen,
zu hoch, ich kann es nicht begreifen.

Wohin könnte ich fliehen vor deinem Geist,
wohin mich vor deinem Angesicht flüchten?

Steige ich hinauf in den Himmel, so bist du dort;
bette ich mich in der Unterwelt, bist du zugegen.

Nehme ich die Flügel des Morgenrots
und lasse mich nieder am äußersten Meer,

auch dort wird deine Hand mich ergreifen
und deine Rechte mich fassen.

Würde ich sagen: „Finsternis soll mich bedecken,
statt Licht soll Nacht mich umgeben",
auch die Finsternis wäre für dich nicht finster,

die Nacht würde leuchten wie der Tag,
die Finsternis wäre wie Licht.

Denn du hast mein Inneres geschaffen,
mich gewoben im Schoß meiner Mutter.

Ich danke dir, daß du mich so wunderbar
  gestaltet hast.
Ich weiß: Staunenswert sind deine Werke.

Als ich geformt wurde im Dunkeln,
kunstvoll gewirkt in den Tiefen der Erde,
waren meine Glieder dir nicht verborgen.
Deine Augen sahen, wie ich entstand,
in deinem Buch war schon alles verzeichnet;

Meine Tage waren schon gebildet,
als noch keiner von ihnen da war.

Wie schwierig sind für mich, o Gott,
  deine Gedanken,
wie gewaltig ist ihre Zahl!

Wollte ich sie zählen, es wären mehr als Sand.
Käme ich bis zum Ende, wäre ich noch
  immer bei dir.

Aus Psalm 139

Bisher sind folgende Bücher von Marianne Kawohl erschienen:

„... und heirate nie! – nie?" (Sachbuch), Wesel 1977 (vergriffen)

„Tränen, die niemand zählt... Niemand?" (Roman), Wesel 1977 (auch in finnischer Sprache)

„Umwege" (Roman), Wesel 1978

„Im Schweigen vor dem Ewigen" – Gedanken und Gebete – (mit Fotos illustriert), Wesel 1979

„Liebe, die alle (m)eint" – Gedanken und Gebete – (mit Fotos illustriert), Wesel 1980 (auch in Blindenschrift)

„Was der Wind zusammenweht" – Gedanken, Gedichte, Gebete – (Text-Bild-Band), Wesel 1981 (auch in Blindenschrift)

„Im Willen Gottes" – Worte der heiligen Julie Billart – Aphorismen und Kurzbiographie (mit Fotos illustriert von Peter Böhm), Vechta 1981

„Ich gestatte mir zu leben" – Über den Egoismus, der keiner ist (Sachbuch) (mit einem Geleitwort von Prof. Dr. phil. Ekkehard Blattmann), Metzingen 1984

„Geöffnete Hände" – Gedanken, Gedichte und Meditationen über menschliche Grunderfahrungen – (mit einem Geleitwort von Johann Peter Bösch), Oberwil b. Zug 1984

„Den Seinen gibt Gott Schlaf" – Über die Bedeutung des Schlafes in der Bibel und in der Therapie – (Sachbuch) (mit einem Geleitwort von Dr. med., Dr. theol. Franz Kreuter), Metzingen 1984